¿Qué es el amor?

Texto: Lucile de Pesloüan
Ilustraciones: Geneviève Darling

Para Jean–André

Porque el amor es decirse que gracias a Dios existe el océano.

Lucile

Para Winnie

Para nuestros universos que se alimentan de todo lo que hemos construido juntas, y tu entera belleza.

Gen

Editorial OB STARE

En este libro, no encontrarás:

La receta para encontrar el amor verdadero.

El remedio para un desamor.

Corazones en todas las páginas.

Los mejores regalos para San Valentín.

Una definición del amor.

Cómo preparar filtros de amor.

La duración del amor.

Pero sí encontrarás respuestas,
las que te convienen,
y declaraciones de amor,
con las que te sentirás
identificado/a.

EL AMOR

ES UNA HUELLA.

Una huella con múltiples facetas que vienen del corazón,
de las entrañas, y del cuerpo entero,
una huella que dejamos en los demás,
en quienes nos rodean.

ESTA HUELLA

ESTÁ EN NOSOTROS...

El amor
son los demás,
todo alrededor
de nosotros

«*Rompiste mi soledad*».

Maggie Nelson

EL AMOR,
ES ENAMORARSE

Al principio, no podemos estar sin la otra persona. De—
cimos que la tenemos en la piel. Y es un poco así. Nos
gustaría estar piel con piel, todo el rato. Querríamos
saber siempre lo que piensa el otro. Tenemos la impre—
sión de asfixiarnos si desaparece durante varias horas.

Entonces, nos damos cuenta de que el hilo que nos
une es muy, muy largo. Y que no son varias horas, al—
gunos días, algunos metros o kilómetros los que lo van
a cortar.

Al contrario, cuanto más se alarga el hilo, más lejos
nos puede llevar.

Imagino que acabaré acurrucándome
entre tus brazos, sin respirar,
esperando que el tiempo se detenga.

13

**Amar puede ser besarse,
tocarse, acariciarse.**

Cuando nos enamoramos, podemos tener ganas de sentir a la persona más cerca de nosotros. Podemos sentir que aumenta un deseo intenso que nada puede frenar. Entonces, el cuerpo a cuerpo puede ofrecer un placer loco para los dos compañeros.

Amar también puede ser platónico.

Podemos no sentir ninguna atracción sexual por alguien. Esto no impide vivir relaciones románticas. Al igual que el sexo sin amor existe, el amor sin sexo también.

Amar es seguir nuestra intuición.

¿Sabes? Esa vocecita que tenemos dentro de la cabeza, no esa que nos molesta, sino aquella que nos guía. Ella sabe lo que es bueno para nosotros, si estamos en peligro, si estamos seguros. Ella sabe lo que es bueno para nosotros mejor que ningún com—pañero, o que ningún amante.

En el último momento tuve miedo.

Yo no quería que ella me tocara.

Quería vestirme de nuevo,

tomar mis cereales y ver una película.

TENEMOS TODO EL TIEMPO DEL MUNDO.
TENEMOS TODA LA VIDA.

15

EL AMOR NO ES UN LOGRO SOCIAL.

El amor perfecto no existe.

Deberíamos poder definirnos por otra cosa que no sea la pareja, la familia o el trabajo.

Deberíamos poder definirnos por nosotros mismos, como individuos que forman un todo.

La vida comunitaria es una forma de existir, como el pueblo ecofemi–nista Twin Oaks, en Estados Unidos.

Cómo los círculos de mujeres campesinas en Quebec, las beguinajes en Alemania, el pueblo de Umoja en Kenia, o la casa de las Ba–bayagas en Francia.

PORQUE AMAR TAMBIÉN ES ESTO.

Es también sostenerse.
Vivir juntos, crear una comunidad.

AMAR ES CREAR
UNA NUEVA FAMILIA.

La primera vez que te vi en el tranvía,
con tus largas trenzas y el pelo corto,
me dije que quería ser tu amigo.

El destino hizo el resto.

AMAR ES CONSTRUIR, PERO TAMBIÉN SABER DECONSTRUIR SI NOS DAMOS CUENTA DE QUE ESTAMOS EN EL CAMINO EQUIVOCADO.

Una separación amorosa es dolorosa. Todo se derrumba. Éramos dos y, de golpe, nos encontramos solos ante la toma de decisiones y el futuro.

Nos sentimos abandonados, y tenemos la impresión de no ser ya suficientes para el ser querido ni para nadie. Sin embargo, hay que tener en cuenta que somos iguales, con nuestras cualidades. Los caminos a veces se separan, es difícil aceptarlo, pero nos volvemos a levantar pese a todo, incluso pese a un desamor.

Teníamos códigos secretos.
Al final de cada carta
Tú siempre me decías
Esa frase tan bonita
Que tus antepasados, enamorados,
Se intercambiaban.
Siempre que la leía
Me imaginaba a ese guapo marinero en su barco.
El viento le impedía mantenerse en pie,
La espalda curvada,
Evitando así las salpicaduras
Del agua salada sobre sus palabras.
Imaginé que su amor
Se quedó en la isla de Groix.
Leer sus palabras que tú me dirás
De aquí a unos años.
Tú me dijiste un día
Que si algún día yo recibía todas las cartas
Que me escribías en tu mente
Mi buzón no las habría podido contener.
¿Sabías que es mi corazón el que habría explotado?

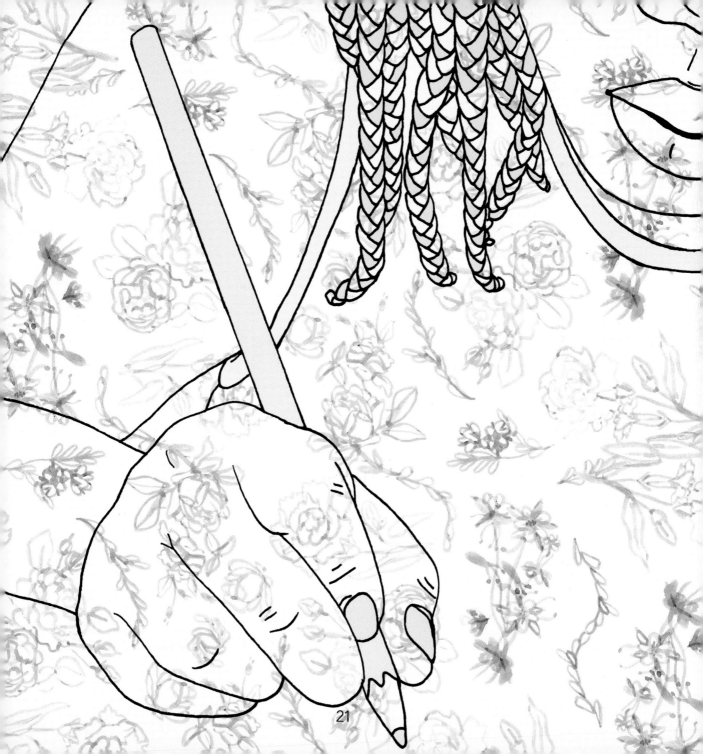

21

El amor es quererse a uno mismo.

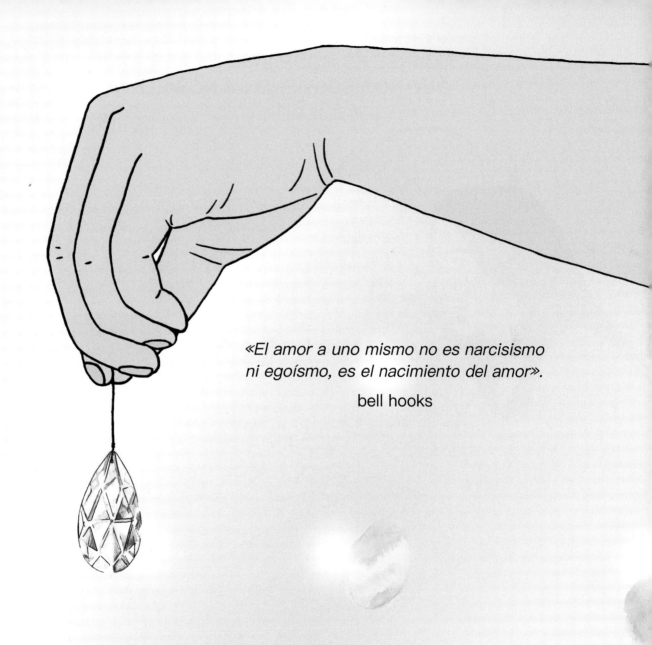

«El amor a uno mismo no es narcisismo ni egoísmo, es el nacimiento del amor».

bell hooks

AMARSE ES RODEARSE DE PERSONAS
QUE NOS SOSTIENEN Y NOS ELEVAN.

La forma en la que nos hablan cuando somos pequeños se transforma en la vocecita que nos queda en el interior. Es allí donde se forja la construcción de nuestra identidad. Tanto lo positivo como lo negativo quedan grabados en nuestra memoria, en nuestros actos, en el amor que sentimos hacia nosotros mismos. Por este motivo también es importante medir las palabras y los gestos que dirigimos a los pequeños.

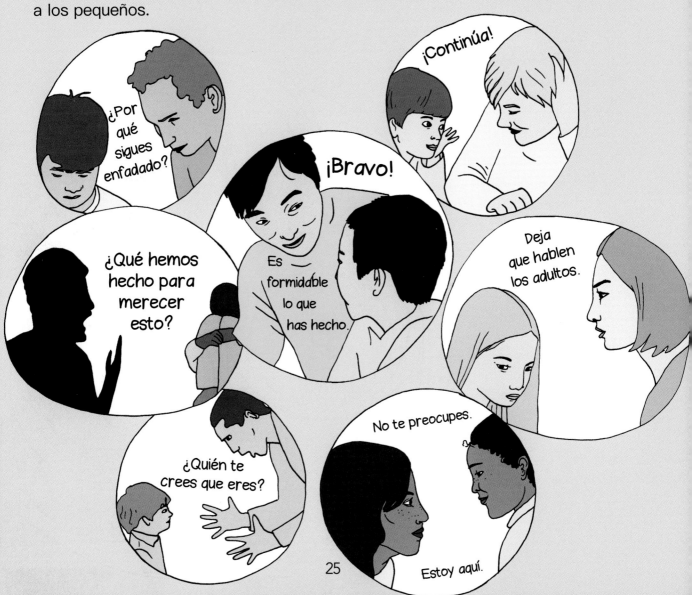

AMARSE ES
SENTIR DESPIERTOS
TUS SENTIDOS.

Cuando haces yoga,
te sientes vivo.

Cuando corres para atrapar
el autobús.

Cuando paseas por el
bosque y respiras,
sintiendo el olor del
musgo mojado,
tu corazón palpita.
Vives el momento.

Amarse no es buscar la perfección todo el rato, no responder el teléfono todo el tiempo. Es también no hacer nada. Dejar las cosas fluir, respirar

**AMARSE ES
SER HONESTO Y DULCE
CON UNO MISMO.**

Amarse es tomarse el tiempo para estirarse por la mañana, comer, bailar, tomar un baño, dormir, acariciar un gato, escribir un diario, estar solo, tener curiosidad.

AMAR ES SER COMPLETAMENTE UNO MISMO
CON ALGUIEN QUE NO ERES TÚ.

AMARSE ES ESTAR ORGULLOSO DE UNO MISMO.

El amor es la naturaleza

«Tú me hablas de estrellas
Yo te hablo de ríos
Tú me hablas de astros
Yo te hablo de lagos
Tú me hablas del infinito
Yo te hablo de la tundra
Tú me hablas de ángeles
Yo te hablo de auroras boreales
Tú me hablas de los cielos
Yo te hablo de la tierra».

Joséphine Bacon

Un día de tormenta magistral, dejé entrar a nuestra casa aquel al que llamamos Baboosh. Él no volvió a dejarnos, dormía con nosotros, y compartía su comida con nuestro otro gato, Joe.

Pegué carteles por todos los lados, en el veterinario, en Internet, en la calle. Nadie buscaba a Baboosh, por lo tanto, se quedó con nosotros.

Sin embargo, se puso enfermo.

«Shock emocional, nos dijo la veterinaria. Hay que comprenderlo. Después de meses de deambular buscando calor y comida, aquí lo tenemos, como un ser mimoso en un apartamento acogedor, comida y abrazos sin parar».

Veredicto: Baboosh tenía ictericia (una infección del hígado). Ya no comía por sí solo, no bebía y tampoco se movía. Se consumía y perdía peso visiblemente.

Lo forcé a comer durante semanas.

Regularmente, informábamos a la veterinaria.

Una noche, mientras le daba el último parte, me dio a entender que se estaba acercando el final.

«Has hecho todo cuanto has podido». Desanimada, fui a mi despacho. Y algunos minutos más tarde, vi a Baboosh al otro lado del apartamento, y eso que no se había levantado de la cama desde hacía días.

Aunque le costaba caminar, se dirigía hacia mí lentamente. Se paró y saltó con dificultad sobre el sillón. Y entonces, puso su pata sobre mi brazo y fijó sus ojos en los míos.

Desde el día siguiente, Baboosh empezó a mejorar. Unos días después, volvió a comer, a beber y a vivir.

33

AMAR ES DARSE CUENTA
DE QUE LOS ANIMALES
NO ESTÁN AL SERVICIO
DE LA HUMANIDAD.

Nosotros estamos en el corazón de la naturaleza,
y no por encima.

**AMAR ES PARTICIPAR
EN EL CAMBIO
CULTURAL Y SOCIAL.**

Es imaginar, con nuestros medios e investigaciones,
nuevas formas de vivir, de alimentarnos
para entretenernos, para preservar
lo que nos rodea.

En los cuentos de hadas, los niños se pierden a menudo por el bosque. Éste parece tragárselos, pero, en realidad, nunca les defrauda.

Nos escondemos, nos proveemos de recursos.
Más grande que nosotros, nos regenera.

El amor
es arte

*«El arte nos dice alguna cosa allí
donde pensamos que no nos dice nada [...]*

*Es necesario si queremos saber quiénes somos,
de qué somos herederos, reunir las partes
del museo interior que nos constituye».*

Annie Ernaux

La percepción del arte es diferente para cada uno: es una cuestión de sensibilidad y de personalidad.

Mamá es una escultura gigante creada por Louise Bourgeois. Para mí, esta obra de arte monumental, que mide más de 10 metros de alto, representa el amor asfixiante que a veces puede sentir una madre: la tela que teje para retener a su hijo el mayor tiempo posible.

De esta escultura hay varios ejemplares alrededor del mundo. La he podido ver, a lo largo de mis viajes, en París, Ottawa, Nueva York y Bilbao.

Siempre sentía la misma emoción, ese sentimiento tranquilizante de identificación de Louise Bourgeois.

Hasta que un día, por fin, leí lo que representaba la escultura para la artista.

Estupor.

Louise Bourgeois tenía una relación excepcional con su madre, quien era para ella su mejor amiga. La araña, lejos de representar la asfixia, simboliza el arte del tejido, la inteligencia y la protección maternal.

Mamá es una oda a su madre. Me parece algo muy bonito.

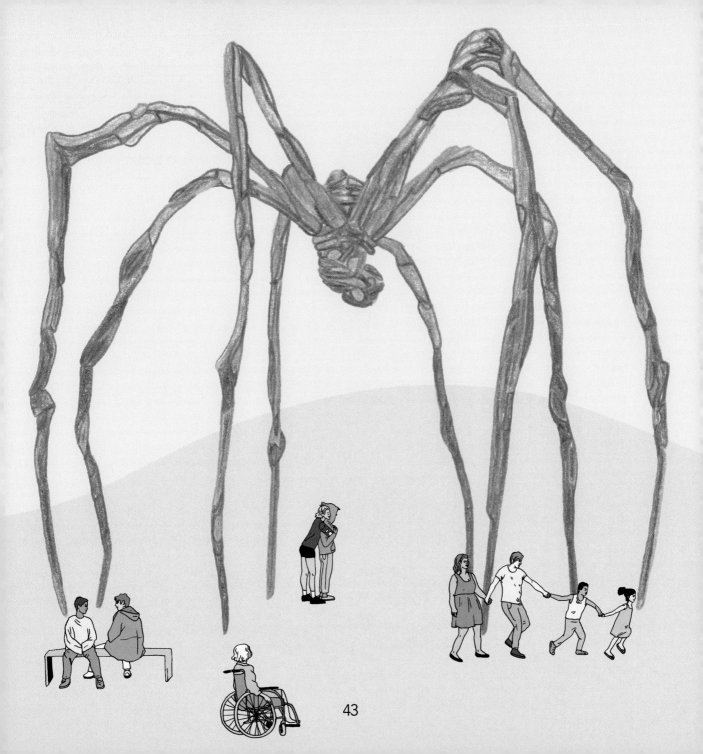

43

Cuando era pequeño, me sentaba en el suelo apoyado en la cama con un libro en las manos.

Entonces, todo desaparecía.

El Machu Picchu, las catedrales de Europa, las pirámides de Egipto, la Estatua de la Libertad en Nueva York, los monasterios de Meteora en Grecia, las estatuas de la isla de Pascua, Venecia en Italia, la ciudad de Petra en Jordania, el Taj Majal de India... Todos son proyectos arquitectónicos que me fascinan por su belleza, su amplitud y duración en el tiempo.

Todas esas manos que se pusieron debajo, todas esas personas que se ensuciaron las manos para construir esas maravillas.

Esto también es el amor.

Cuando bailo, me desahogo. Me encanta bailar con mis amigas, nos pone de buen humor. Las vibraciones de la música resuenan en mí, y de repente, me siento libre. Exploto. Muchas veces río.

Saber que existen los artistas me tranquiliza, aunque no los conozca. Lo que ellos han creado me permite verbalizar mis emociones y sentimientos.

Sus palabras, su cuerpo, su danza, sus fotografías, sus pinceles nos hacen vibrar...

**EL AMOR
ES CREARSE
RECUERDOS.**

¿Y qué mejor que una banda
sonora para acompañar
nuestros recuerdos?

47

El amor es la justicia social

«No puedes hacer que cambie todo a lo que te enfrentas, pero nada puede cambiar hasta que lo enfrentas».

James Baldwin

NO MATAMOS NUNCA POR AMOR

La expresión «crimen pasional» nunca debería ser usada en los medios de comunicación, porque el amor no puede ser la causa de un asesinato. Nada puede justificar el sufrimiento impuesto a alguien que ya no nos quiere.

Nunca somos dañados por nuestro bien.

NUNCA.

NI UNA MÁS

El amor no es sentirse
obligado a darle a alguien
todo lo que quiere.

Es crecer juntos,
en confianza.

51

El amor,
es dejar de infantilizar a los pueblos autóctonos
de todos los rincones del mundo.
Es reconocer que los blancos robaron sus tierras.
Es devolverles lo que les pertenece.

El amor,
es acabar con la opresión sistemática
de las personas que sufren racismo,
de las personas trans, de las personas *queer*, de las mujeres,
de los obesos, de los discapacitados…

El amor,
es modificar la representación del mundo,
desacostumbrarnos para crear un nuevo imaginario.

El amor,
es vivir en la sociedad afrontando
los problemas económicos, políticos,
sociales y ecológicos.

«Más que un simple sentimiento, el amor es un acto que hacemos».

bell hooks

53

54

Es una lástima tener a menudo miedo de lo que es diferente. Dudamos si modificar o no nuestras referencias, salir de nuestra zona de confort, cambiar. Muchas veces se da la palabra a las mismas personas y algunas no acceden a la luz, a los micrófonos, a compartir.

¡O, el amor, es también abrirse a otras realidades!

Marsha P. Johnson

Una de las pioneras del movimiento LGTBQ+
junto con Stormé DeLarverie y Sylvia Rivera

EL AMOR,
ES UN COMBATE
QUE LIDERAMOS POR NOSOTROS,
Y POR LOS DEMÁS.

Estoy en el metro de Nueva York. Es el final de la jornada, y está lleno, pero no a rebosar. Al otro lado del vagón oigo que sube el tono de una voz. Me levanto de puntillas para intentar comprender qué es lo que ocurre. Me quiero asegurar de que nadie está malherido o, algo peor, en peligro. Se ha desatado una discusión. Una mujer con el pelo lanudo salta alrededor de un hombre que se apoya contra la puerta. Se burla de él. El hombre permanece en calma. Asume su dolor con paciencia.

El insulto racista cae, llueven las palabras y hacen daño.

Estoy en shock. La escena es de una violencia descomunal. Pero esto se vuelve cada vez más bonito.

El hombre sigue tranquilo. Le da la espalda. Alrededor de ellos, la gente se ha quitado los cascos y ha dejado de leer. Se empieza a poner feo.

Se le pide a la agresora que se calme.

Se le pide que se calle.

Entonces, la mujer que se encuentra a mi lado se impone. Habla alto y fuerte a través del vagón.

—¡Ya es suficiente!

Ése era el impulso que se necesitaba.

Eso es todo, ella se rebela. Todo el mundo está en contra de la mujer que acosa, que insulta, que agrede. Ha de callarse y bajarse del vagón en la próxima estación.

Todos gritan: —¡Bájate del tren!

Y para ti, ¿qué es el amor?

Puede consultar nuestro catálogo en www.obstare.com

¿QUÉ ES EL AMOR?
Texto: *Lucile de Pesloüan*
Ilustraciones: *Geneviève Darling*

1.ª edición: noviembre de 2022

Título original: *C'est quoi l'amour?*

Traducción: *Clàudia Garcia*
Corrección: *M.ª Jesús Rodriguez*

© 2020, Lucile de Pesloüan,
Geneviève Darling & Les Éditions de l'Isatis.
(Reservados todos los derechos)
© 2022, Editorial OB STARE, S. L. U.
(Reservados los derechos para la presente edición)

Edita: OB STARE, S. L. U.
www.obstare.com | obstare@obstare.com

ISBN: 978-84-18956-15-7
Depósito Legal: TF-590-2022

Impreso en SAGRAFIC
Passatge Carsí, 6 - 08025 Barcelona

Printed in Spain